PAIS BEM-SUCEDIDOS

JAMES B. STENSON

PAIS
BEM-SUCEDIDOS

4ª edição

Tradução
Guilherme Sanches Ximenes

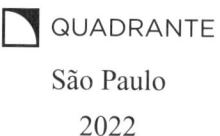

São Paulo
2022

Título original
Successful Fathers

Copyright © 1997 Scepter Publishers, Inc.

Capa
Gabriela Haeitmann

Dados Internacionais de Catalogação na Publicação (CIP)

Stenson, James B.
 Pais bem-sucedidos / James B. Stenson; tradução de Guilherme Sanches Ximenes – 4ª edição – São Paulo : Quadrante, 2022.

 ISBN: 978-85-54991-67-8

 1. Educação 2. Educação das crianças 3. Família 4. Pais e filhos I. Título

CDD-370

Índice para catálogo sistemático:
1. Educação 370

Todos os direitos reservados a
QUADRANTE EDITORA
Rua Bernardo da Veiga, 47 - Tel.: 3873-2270
CEP 01252-020 - São Paulo - SP
www.quadrante.com.br / atendimento@quadrante.com.br

Sumário

Por que alguns pais são bem-sucedidos?, 7

A família «natural», 27

A família de classe média atual, 37

Pais bem-sucedidos hoje, 59

Questões para a reflexão pessoal, 73

Por que alguns pais são bem-sucedidos?

Até há alguns anos, quando se vasculhavam as secções de «pedagogia» ou «pais e filhos» de uma livraria, logo se percebia algo muito peculiar: embora houvesse dúzias de livros dedicados ao relacionamento mãe-filho durante a fase de desenvolvimento da criança, eram pouquíssimos os que tratavam do papel do pai. Durante décadas, a influência paterna sobre a formação do caráter dos jovens simplesmente foi deixada de lado ou, pelo menos, severamente negligenciada pelos especialistas em psicologia infantil.

Felizmente, esta perspectiva vem-se modificando pouco a pouco. Durante o último quarto de século, a sociedade tem observado que um número crescente de jovens chega à maturidade com sérios problemas causados por simples fraqueza de caráter: são imaturos e irresponsáveis, abusam do álcool e das drogas, mostram-se indiferentes em matéria religiosa e, mais tarde, instáveis na vida conjugal. Ora, os profissionais que lidam com esses jovens problemáticos detectaram, há já bastante tempo, um traço comum a todos eles: via de regra, não chegaram a desenvolver o *adequado respeito pelo seu pai*, ou seja, por um motivo ou por outro, o pai não chegou a exercer uma forte liderança moral sobre eles durante os anos de infância e pré-adolescência.

Por isso, os especialistas vêm estudando com mais frequência os modos e procedimentos, sutis mas eficazes, pelos quais os pais formam o caráter dos filhos, muitas vezes sem terem plena consciência disso. E vêm percebendo também como as mudanças ocorridas nos padrões de vida das sociedades ocidentais têm erodido a influência formativa paterna, levando muitas crianças a chegar à idade adulta com fraquezas e inseguranças alojadas no próprio cerne das suas vidas.

Algumas observações preliminares

É evidente que nem todas as famílias do nosso tempo experimentam problemas sérios com os filhos crescidos. Mesmo nas circunstâncias sociais da atualidade, muitos pais continuam a formar eficazmente o caráter dos seus filhos, e experimentam a alegria de vê-los tornar-se homens e mulheres competentes, seguros de si e responsáveis, capazes de viver conforme os princípios cristãos.

Por que alguns pais obtêm sucesso e outros falham nessa tarefa crucial? Estas páginas pretendem responder a essa pergunta, ou pelo menos sugerir algumas explicações plausíveis, além de abordar determinados tópicos que provavelmente interessarão a todo o homem que queira levar a sério as suas responsabilidades paternas: Quais os procedimentos naturais com que um pai forma o caráter e a consciência dos seus filhos? Que mudanças sociais têm corroído esses processos, deslocando o papel central do pai? Que pode um pai fazer – uma vez que esteja ciente do problema – para restabelecer a influência moral de que as suas crianças tanto necessitam?

Antes de passarmos à discussão destes temas, porém, gostaria de esclarecer três aspectos. Em primeiro lugar, tudo o que se recolhe aqui é resultado da experiência pessoal e do estudo de muitas pessoas. Durante quase vinte anos, trabalhei como professor e administrador escolar, e sempre me interessei por saber como é que os pais influem ou deixam de influir no caráter dos seus filhos. Inúmeros pais e mães de gente jovem confiaram-me as suas próprias experiências e descobertas neste campo, e tive ocasião igualmente de valer-me do trabalho de diversos especialistas, psicólogos, professores, conselheiros matrimoniais e sacerdotes. Portanto, as opiniões e conclusões que exponho nestas páginas apoiam-se num estudo aprofundado sobre a dinâmica da vida familiar moderna.

Durante os anos em que trabalhei como educador, fui colhendo uma impressão que se tornou cada vez mais clara para mim: os pais e as mães de hoje, isolados como estão dos outros pais, precisam de todo o aconselhamento abalizado que puderem conseguir. É claro que todos os pais, ao longo da História, sempre precisaram de conselhos, mas os dos nossos dias têm de esforçar-se especialmente por dispor deles.

Em segundo lugar, se ao longo destas páginas só raramente me refiro ao papel da mãe na formação do caráter das crianças, isso se deve apenas às limitações de espaço que este tipo de trabalho impõe e, sobretudo, ao desejo de acentuar aqui, tão clara e firmemente quanto possível, o papel do *pai*. Mas afirmo com toda a ênfase que não pretendo com isso desmerecer nem de longe o papel fundamental desempenhado pelas mães. A verdade é que foram elas que arcaram com as pesadas consequências resultantes do declínio do papel paterno na formação dos filhos. As mudanças sociais que afetam a família moderna simplesmente transferiram para as costas das mães uma responsabilidade ainda maior do que a que lhes incumbia, e o modo como têm sabido fazer face a esse trabalho redobrado e às crescentes preocupações que lhes foram impostas tem sido altamente inspirador e valioso. A sociedade deve a essas mulheres todo o apreço e toda a gratidão pelo imenso bem que têm feito.

Por fim, gostaria de dirigir algumas palavras diretamente aos pais.

Nós, homens, costumamos gostar de desafios. Poucas coisas nos deixam mais empolgados do que enfrentar problemas complexos, situações que exigem de nós todos os nossos talentos pessoais – criatividade, imaginação, capacidade de trabalhar em conjunto, juízo amadurecido, persistência, força de vontade. Todos os dias solucionamos problemas no nosso trabalho profissional mediante o exercício desses talentos, e é assim que sustentamos as nossas famílias.

Ora bem, o maior desafio que um homem pode enfrentar é – de longe! – educar bem os filhos. Sem medo de exagerar, podemos dizer que é o nosso sucesso ou fracasso nesta tarefa que constitui o nosso sucesso ou fracasso na vida. É inegável, porém, que muitos homens, infelizmente, não obtêm êxito nesta missão. Ora, ninguém fracassa deliberadamente no trabalho de educar os filhos, como ninguém fracassa porque quer na vida profissional. Portanto, as falhas que há nesta responsabilidade de todas a mais importante devem provir principalmente de negligências *inadvertidas*. Segundo a minha experiência, muitos pais não chegam sequer a perceber que aí *existe* um problema, isto é, que, embora sem o pretenderem, estão deixando de exercer a ascendência moral de que as suas famílias precisam. É o que procuraremos estudar nas páginas que se seguem.

Mas não se espere encontrar neste caderno umas receitas pré-fabricadas nem uma «norma ISO-9000» para uma paternidade bem-sucedida. Isso simplesmente não existe porque, bem consideradas as coisas, educar os filhos de modo que desenvolvam um caráter forte e autônomo é um processo essencialmente misterioso. Por outro lado, não há duas famílias iguais neste mundo, de modo que não se podem formular princípios de aplicação universal.

Mesmo assim, propus-me neste caderno fazer duas coisas que, conforme espero, se mostrarão muito úteis ao leitor na sua posição de pai. Em primeiro lugar, procurei esclarecer quais são os componentes do problema, isto é, o que é essa coisa tão importante – a autoridade paterna – que parece estar em falta hoje em dia; e, em segundo lugar, procurei expor o que outros homens puseram em prática com sucesso para educar bem os seus filhos. Na minha experiência, é justamente disso que a maioria de nós precisamos para nos pormos a trabalhar de maneira decidida: por um lado, de um equacionamento claro dos problemas que nos esperam, e, por outro, de um conhecimento da experiência alheia. Quando nós, os homens, percebemos que um problema é de capital importância, pomos em jogo todas as forças da nossa inteligência e vontade para dar a volta às circunstâncias, para fazê-las funcionar e resolver com eficácia o quebra-cabeça.

Conhecemos muitos pais que o fizeram – homens que, com um esforço decidido, mudaram o seu modo de agir e se transformaram em pais muito mais bem-sucedidos do que eram. As suas experiências fazem parte da nossa discussão aqui.

É a felicidade duradoura dos seus filhos que está em jogo. O que pode ser mais importante que isso?

Caráter

Ao longo destas páginas, utilizaremos muitas vezes o termo «caráter», que representa um conceito essencial nesta matéria. Como poderemos defini-lo?

Há uma definição que se vem mostrando especialmente útil: *caráter* é simplesmente a integração, na personalidade, de determinadas qualidades fundamentais da *inteligência* e da *vontade*. E essas qualidades são algumas atitudes e hábitos internos, constantes, permanentes, que permitem à pessoa enfrentar a vida em todas as suas circunstâncias, e que costumam receber o nome de *virtudes*: fé, esperança, caridade, prudência, justiça, fortaleza e temperança. Se estes termos lhe parecem familiares, é porque você já os ouviu na infância. Durante séculos, foram usados para descrever como deve ser o cristão maduro. Seja como for, quer lhes demos o nome de virtudes, quer simplesmente o de qualidades do caráter, compreendem a essência daquilo que admiramos em muitas pessoas – uma personalidade bem formada.

Mesmo que não usemos com muita frequência esses termos, costumamos ter uma noção razoável do seu significado, e julgamos as pessoas que conhecemos, em especial os jovens, pela presença ou ausência dessas qualidades. Vale a pena, portanto, repassarmos brevemente a definição de cada uma.

Fé: é a crença ativa em Deus e nas coisas que Ele revelou acerca de Si mesmo, da sua Igreja, da sua justiça e da sua graça, e do sentido da vida aqui na terra e, depois, na eternidade.

Esperança: é a confiança em que Deus nos dará os meios de salvação, e em que a sua Providência amorosa cuida de nós durante toda a vida, o que significa que não há sofrimentos insuportáveis. O símbolo tradicional da esperança é a âncora – o laço de união com Deus que nos mantém firmes nas tempestades da vida. É esta fonte de segurança que tantos jovens de hoje buscam desesperadamente sem conseguir encontrá-la.

Caridade: é o amor soberano a Deus, um amor que modela e dirige todos os outros amores – o amor à mulher, aos filhos, aos amigos, aos estranhos e até aos bens materiais. Na prática, é a principal virtude cristã: uma compreensão compassiva das outras pessoas, que reproduz o amor que Deus tem por todos nós.

Prudência: é o que hoje se costuma chamar «bom senso», «sensatez» ou «juízo seguro», ou seja, a capacidade de fazer todas as distinções importantes para a vida: entre o certo e o errado, entre o verdadeiro e o falso, entre o fato e a opinião, entre a razão e a emoção, entre o eterno e o transitório. É, em poucas palavras, o *realismo* de quem tem os pés no chão e sabe identificar a mera conversa fiada quando topa com ela. Consequência e pressuposto importante desta virtude é ter uma consciência bem formada.

Justiça: é o que chamaríamos «senso de responsabilidade», isto é, a disposição de dar aos outros o que lhes é devido. É o sentido do dever que leva a reconhecer os direitos dos outros, incluindo-se aí os de Deus. Até certo ponto, é precisamente esta qualidade o sinal mais claro de que se atingiu certa maturidade moral. Maturidade *é* responsabilidade.

Fortaleza: é a firmeza pessoal, isto é, a disposição e a capacidade de enfrentar as dificuldades sempre que seja possível, ou de resistir-lhes quando não for possível. É a força necessária para superar ou para suportar os sofrimentos, as frustrações, os inconvenientes, a dor. É o oposto do escapismo, atitude tão comum nos nossos dias. A fortaleza é virtude essencial a todo o amor verdadeiro, pois o amor não é apenas um conjunto de sentimentos, mas a capacidade e o desejo de abraçar as dificuldades pelo bem de outra pessoa.

Temperança: é o autocontrole, a disciplina, o controle da razão sobre as paixões e os apetites, a capacidade de impor restrições a si mesmo por amor a um bem maior. É o oposto da «autoindulgência» – também esta tão comum hoje em dia –, da busca contínua do prazer e do conforto como fins em si mesmos.

Quando todas estas qualidades são plenamente assumidas e se integram no modo como uma pessoa encara a vida, diz-se que essa pessoa tem um caráter bem formado. Todos os demais traços admiráveis que encontramos nos outros, como por exemplo a laboriosidade, a piedade ou a delicadeza, provêm direta ou indiretamente destas virtudes.

Certo pensador resumia-o com agudeza: «Caráter é aquilo que sobra depois que fomos à falência». É a nossa personalidade, *menos* o nosso dinheiro e *menos* os bens materiais.

E como é que os jovens adquirem essas qualidades? A experiência mostra-nos com toda a clareza que não as adquirem naturalmente ou com facilidade, e que certamente não nascem com elas. Todos nós, jovens ou velhos, alcançamos essas virtudes depois de nos termos esforçado muitos anos por vivê-las. Aprendemo-las mediante as *palavras* dos outros e, mais ainda, mediante o seu *exemplo*. Desde a mais tenra infância, adquirimo-las imitando as pessoas cujo caráter admiramos e, sobretudo, os nossos pais. Portanto, o caráter é algo que as crianças adquirem principal e mais profundamente pelo contato com o pai e a mãe.

Se por alguma razão os jovens não aprendem esses valores dos seus pais, normalmente crescerão sem eles. Estarão perdendo algo de fundamental importância para as suas vidas, e acabarão por reter ao longo de toda a existência a fragilidade da infância: continuarão sempre egoístas, imaturos, irresponsáveis, autocomplacentes, sem confiança em Deus e em si mesmos.

Isto nos leva à consideração seguinte: como poderão pai e mãe agir em conjunto, de maneiras distintas, mas complementares, para inculcar essas qualidades do caráter nos seus filhos?

Papéis complementares

Podemos apenas esboçar aqui as grandes linhas desse processo formativo, altamente complexo e fundamentalmente misterioso em si mesmo. Durante as últimas duas décadas e meia, psicólogos e outros especialistas têm pesquisado diversos aspectos da dinâmica do relacionamento pais filhos, dando especial atenção ao papel do pai. Os resultados desse trabalho são bastante interessantes e instigantes. Recordemos aqui os principais tópicos, centrando a nossa atenção em três estágios do desenvolvimento da criança.

1. *Primeira infância.* A criança recém-nascida parece apresentar inicialmente uma reação de medo diante do pai. Ao lançar um olhar por cima dos ombros da mãe (que constitui para ela todo o universo), avista um ser estranho, imponente, de voz grave, que os ronda a ambos. Naturalmente, sente-se desconfiada e insegura diante dessa figura intimidante, sem captar o modo como se insere no relacionamento afetuoso entre ela e a mãe. É à

mãe que cabe a responsabilidade de mostrar-lhe, através dos gestos afetuosos que tem para com esse «estranho», que não há nada a temer, que pelo contrário esse homem é digno de confiança, é alguém a quem se deve respeitar e amar.

O pai, por sua vez, deve reforçar essa confiança brincando com a criancinha. É bem sabido que os homens se sentem intimamente impelidos a brincar de modo vigoroso com os filhos pequenos, fazendo-lhes cócegas, balançando-os nos braços, volteando-os por cima da cabeça, fazendo-lhes caretas, qualquer coisa que os leve a sorrir e rir. Tudo indica que se trata de um instinto destinado a robustecer o laço de união entre pai e filho, mostrando à criança que o papai é tão amável quanto poderoso, um homem cheio de afeto e de uma força impressionante.

2. *Dos 2 aos 11 anos.* Dizer que pai e mãe exercem papéis diferentes e complementares significa que, em relacionamentos bem equilibrados, cada um carrega com responsabilidades próprias para o bem-estar de toda a família. Embora muitas coisas sejam comuns a ambos, as obrigações de cada um são diferentes. Se a todo o momento a criança vê que o pai respeita a autoridade da mãe e vice-versa, desenvolverá uma percepção intuitiva das áreas de responsabilidade de cada um deles.

A mãe especializa-se na ordem doméstica. É ela quem organiza e põe em prática o «controle de qualidade», por assim dizer, nas tarefas familiares. Ela é a principal força que confere atração à casa, a fonte de estabilidade, segurança, ordem, harmonia e paz. É ela quem cuida, como principal «especialista» na matéria, do aspecto acolhedor e do funcionamento eficaz do lar, do conforto e da segurança. Como é natural, também o marido ajuda muito nessa tarefa, vindo em reforço da autoridade da esposa para fazer com que as crianças cooperem (isto é, que *obedeçam*. Ao que parece, os filhos colaboram com mais facilidade depois de crescidos se aprenderam a enxergar desde cedo que a obediência é um modo de colaborar).

Por sua vez, as responsabilidades e o domínio próprios do pai encontram-se fora de casa. É ele, principalmente, quem lida com o mundo que está para além do portão de entrada da casa, com o mundo «lá de fora». É ele quem sustenta a casa trabalhando a natureza, aplicando a mente e o corpo às realidades materiais: cultivando a terra, caçando, desempenhando trabalhos manuais ou algum tipo de tarefas especializadas. É ele quem trata com estranhos dos assuntos «sérios», isto é, dos que ultrapassam o mero relacionamento social: negocia, contrata, relaciona-se com as pessoas de um modo amigável, mas profissional. Se alguma dessas relações assume um caráter hostil, é ele quem defende a família, até pela força física, se necessário. A sua atenção está sempre voltada, natural e necessariamente, para o universo de pessoas e coisas que há para além dos limites do lar.

Como já apontamos, é muito frequente que as tarefas próprias dessas duas áreas se sobreponham e se misturem, principalmente nos nossos dias, além de que há muitas exceções a estas linhas gerais. Apesar disso, penso que se pode afirmar que é um fenômeno presente em todas as famílias humanas que marido e mulher se responsabilizam cada um por um padrão peculiar na formação do caráter dos filhos, principalmente através do exemplo. Poder causador da estabilidade e da harmonia, a mãe ensina ordem, atenção aos detalhes, vínculos afetivos duradouros, delicadeza, respeito, paciência. O pai ensina a planejar o futuro, a avaliar racionalmente os meios e os fins, a praticar a coragem, a cultivar o trato franco com os outros, o respeito pela autoridade legítima e a capacidade de empreendimento e iniciativa; é o poder que dirige a atuação livre e relevante no mundo, que faz as pessoas avançarem com competência e segurança.

Até que ponto esta divisão de papéis tem uma origem comportamental e até que ponto é inata e derivada do sexo permanece uma questão controversa mesmo entre os especialistas. Seja como for, ao longo de toda a História ocidental, e hoje ainda em praticamente todo o mundo, as crianças parecem ter um conhecimento quase intuitivo de que seu pai e sua mãe têm esferas de influência próprias e complementares, e os pais assumem-nas igualmente como algo natural.

Nos lares em que cada cônjuge respeita a autoridade do outro, os filhos aprendem a respeitar a autoridade de cada um na mesma proporção. Isto é, adotam a atitude da mãe em relação ao marido e a do pai em relação à mulher. Toda a falta aberta ou implícita contra esse respeito por parte dos cônjuges parece minar significativamente o respeito que a criança tem por eles. Se o marido desconsidera a mulher ou deixa de apoiar a autoridade dela, cedo ou tarde terá de enfrentar a revolta ou a desobediência dos filhos.

Nas famílias em que os pais se apoiam mutuamente, as crianças adquirem uma personalidade equilibrada. É evidente que, ao longo da etapa de formação dos jovens, os pais deverão corrigir-lhes com frequência as atitudes e o comportamento por meio de admoestações, conversas, castigos físicos, prêmios e punições, e coisas semelhantes. Mas o que acontece essencialmente é que os filhos aprendem a imitar as virtudes que veem os seus pais praticarem – virtudes que os pais reconhecem, apreciam e respeitam mutuamente. A consequência a tirar é que, se em determinada família faltam as virtudes e se vão perdendo os sinais patentes de respeito mútuo, pouco resta às crianças para imitar em casa.

3. *Adolescência.* É fácil perder de vista, nos dias de hoje, que o termo «adolescente» já significou «adulto jovem». Por volta dos dezesseis anos, quase todas as pessoas atingem a maturidade física, passando a ter praticamente todas as características físicas e mentais dos adultos. Com efeito, na maioria das sociedades do passado e até ao nosso século, consideravam-se as pessoas desta idade preparadas para deixar a casa paterna e viver por conta própria. Estavam prontas para a independência.

A «luta pela independência» que observamos nos jovens dos treze aos dezesseis anos é, portanto, inteiramente normal. Mas o que nos cabe examinar aqui – e que a sociedade negligencia com frequência –, é o papel natural que cabe ao pai nesse processo.

À medida que um jovem chega à adolescência, quer decididamente – e às vezes desesperadamente – aprender como é que os adultos se comportam no «mundo exterior». Que significa ser um homem ou uma mulher autônomos? Onde é que os adultos traçam a linha entre o certo e o errado? Como testar as próprias forças e conquistar aceitação por parte dos outros? Todas estas perguntas, e outras semelhantes, povoam a mente dos adolescentes; é claro que os jovens raramente formulam os seus problemas por meio dessas perguntas, mas procuram ansiosamente as respostas para elas.

Para encontrá-las, olham cada vez mais para o pai. Quanto mais crescem, mais observam as suas atitudes e o seu comportamento. Dentro em pouco, entrarão no «mundo exterior», do qual o seu pai é um conhecedor experimentado. Dessa maneira, os critérios paternos, os seus valores e a sua visão de mundo, o seu juízo acerca do certo e do errado vão ganhando uma importância cada vez maior.

Os psicólogos têm notado que boa parte das rebeldias verbais e comportamentais dos adolescentes representam, no fundo, uma tentativa de pôr à prova os padrões do pai. São, na realidade, um esforço para tornar explícitas e claras as convicções implícitas e obscuras que povoam a mente experimentada do papai: «Onde é que *nós*, *adultos*, traçamos os limites, papai? Você é o *expert*, e eu preciso da sua orientação agora!»[1]

---

(1) Vale a pena observar que, ao contrário do que se costuma imaginar, a adolescência não tem de ser necessariamente uma experiência tempestuosa e traumática para a família. Pais que souberam orientar os filhos de maneira constante, amorosa e disciplinada, costumam ter poucos problemas

O que os adolescentes procuram, aparentemente, não são simples padrões corretos de conduta, mas algo muito mais importante. Se observam mais do que nunca o seu pai, é para imprimir uma forma final à sua *consciência*, aos padrões objetivos *internos* do certo e do errado, aos critérios pelos quais os adultos procuram pautar a sua conduta diante de Deus e dos homens. A psicologia tem demonstrado que, se nas crianças pequenas ambos os pais devem participar da formação da consciência, à medida que elas se aproximam da maturidade, esta tarefa de formação recai pouco a pouco sobre o pai. É ele quem passa a ser visto como árbitro e modelo das normas de moralidade racionais e objetivas. É preciso seguir a consciência lá no «mundo exterior», e esse é o terreno próprio do papai.

Mas há outras forças sutis em jogo nesta etapa. Os rapazes olham para o pai como modelo de masculinidade adulta; e, curiosamente, também as filhas olham para o pai, mas como um modelo pelo qual avaliar os outros homens. Inconscientemente, as meninas adolescentes e até as moças

---

sérios com eles na adolescência. Pais conscientes e seguros da sua autoridade preenchem os anseios dos adolescentes facilmente e sem dramaticidade; na verdade, muitos descobrem que se aproximam cada vez mais dos filhos à medida que estes se aproximam da idade adulta.

jovens procuram namorados que se assemelhem ao seu pai, ou pelo menos demonstrem as qualidades que julgam descobrir nele. São muitas as que acabam por casar-se com rapazes que, pela sua personalidade, temperamento e caráter, se assemelham bastante ao seu «velho».

No mundo ocidental, há um costume social interessante e encantador, que faz parte da cerimónia de casamento. O pai da noiva leva a filha pelo braço ao longo do corredor central da igreja, para depois entregá-la ao noivo. Este gesto, pequeno mas significativo, simboliza aquilo que todo o pai deve fazer com os filhos ao longo dos anos da adolescência: construir a ponte entre a casa e o mundo exterior, conduzindo até lá os seus filhos, já suficientemente fortalecidos para entrar nele. Quando ambos os pais tiverem dado aos filhos qualidades de caráter e consciência que durem por toda a vida, terão cumprido plenamente o seu papel. Afinal de contas, este e não outro é o papel de toda a vida familiar, ao longo da História e ao redor do mundo todo.

A família «natural»

O esboço dos processos psicológicos que acabamos de traçar saiu-nos necessariamente um tanto genérico e abstrato. Talvez possamos concretizá-lo observando aquilo a que poderíamos chamar a «vida familiar normal». Como o nosso objetivo é analisar a dinâmica por vezes destrutiva que se observa nas famílias ocidentais modernas, poderemos compreender mais claramente as suas características se as compararmos com as da vida familiar tal como se vivia no passado, especialmente num passado não muito distante.

Vejamos como era uma típica família ocidental – dos Estados Unidos, do Canadá, da Austrália, da Europa e de grande parte da América Latina – até começos do século XIX. Penso que a descrição continua a aplicar-se a quase todo o mundo não ocidental, isto é, a cerca de 80% da população mundial.

Usaremos aqui a palavra «natural» no mesmo sentido em que se usa esse termo para descrever qualquer fenômeno que ocorra de maneira universal e reiterada. Os traços dessa família natural são tão frequentes ao longo da História que parece razoável relacionar a sua origem com a própria natureza humana – isto é, com a dinâmica entre pai, mãe e filhos anteriormente descrita. Ou seja, estamos diante de constantes psicológicas inerentes ao relacionamento pais-filhos.

Quais foram, então, essas características constantes da vida familiar natural? Procuremos descrevê-las brevemente.

1. *O lar era essencialmente uma pequena empresa, um local de trabalho.* Pai e mãe trabalhavam juntos como sócios majoritários no desenvolvimento dessa «empresa», quer se dedicassem à agricultura, ao artesanato, ao comércio ou a qualquer outro tipo de ocupação. A casa costumava estar inundada de materiais e ferramentas de trabalho, e as crianças podiam observar habitualmente o trabalho dos pais e a divisão de tarefas entre eles.

2. *As crianças desempenhavam um papel secundário, mas essencial, nessa empresa.* Como é lógico, as crianças pequenas passavam a maior parte do tempo brincando, mas as mais velhas

realizavam todo o tipo de trabalho que fosse necessário para o funcionamento da casa: cortar lenha, tirar água do poço, transportar objetos e materiais, alimentar os animais com os restos das refeições, etc. (As longas férias de verão de que as crianças desfrutam hoje em dia são um vestígio dessa época: para uma família de camponeses, os mais jovens tinham de trabalhar no campo durante o verão e era por isso que se suspendiam as aulas). Esse trabalho, além de ser útil, trazia consigo certa responsabilidade e, consequentemente, certo senso de autoafirmação. E todos na família compreendiam perfeitamente que a cooperação dos filhos – isto é, a sua obediência às indicações dos pais – era essencial, exigida e esperada.

3. *À medida que cresciam, os filhos assumiam também níveis crescentes de responsabilidade.* Na pré-adolescência, já trabalhavam lado a lado com os pais, num aprendizado pessoal, partilhando com eles das tarefas cotidianas do cuidado da casa. As brincadeiras e diversões que, na infância, ocupavam o lugar central entre os seus interesses já não passavam de lembranças longínquas, algo próprio das irmãs e irmãos mais novos. Esses adolescentes pareciam mais adultos do que crianças, e era assim que se consideravam.

4. *Como o dinheiro e os bens materiais eram escassos, todos os membros da família tinham que esperar a sua vez de ser atendidos e merecê-lo.* Dessa maneira, as crianças adquiriam o sentido do tempo e da relação entre esforços e resultados. Viver direta ou indiretamente da terra ensina algumas verdades básicas sobre a vida: há coisas que têm de ser merecidas, há coisas que não se podem apressar, há coisas que sempre e necessariamente estão fora do controle de qualquer pessoa. Uma pobreza relativa leva à apreciação das coisas simples e essenciais: uma alimentação regular, um teto acolhedor, boa saúde, a certeza de ser amado pela família e pelos amigos. Quanto a todas as coisas que não se tinham, as crianças aprendiam a improvisar um substitutivo para elas ou simplesmente a prescindir delas.

5. *Em praticamente todas as famílias, havia outros adultos agregados, além do pai e da mãe*: avós, tias e tios solteiros, empregados, amigos íntimos da família. Assim, as crianças tinham diante dos olhos uma série de personalidades adultas a partir das quais formarem o seu conceito de maturidade, por isso mesmo mais abrangente. Também era frequente verem esses adultos demonstrar, pelas palavras ou pelas atitudes, respeito para com os seus pais, o que reforçava a autoridade destes e ressaltava as qualidades que

mereciam ser imitadas. Algumas vezes, nos casos de conflito entre pais e filhos, os outros adultos defendiam a posição dos pais: – «O seu pai tem razão. Você deveria escutá-lo». Os jovens viam-se vencidos, até no aspecto numérico, pelo consenso dos adultos, que compartilhavam os mesmos pontos de vista acerca do certo e do errado, e as rebeldias adolescentes não podiam ir tão longe como hoje diante dessa barreira firme.

6. *A conversa e a leitura eram os principais meios pelos quais os jovens travavam conhecimento com a vida adulta e o mundo exterior à família.* Em casa, os momentos de recreação centravam-se nas conversas, isto é, na vida intelectual. Narrativas e episódios, jogos de salão, histórias de família, a leitura da Bíblia, debates amigáveis, discussões dos assuntos em voga e dos acontecimentos recentes – tudo isso, as crianças o absorviam ao assistirem às conversas de seus pais e outros adultos, e atingiam um patamar importante no seu desenvolvimento quando eram admitidas nesse círculo e começavam a ver que as suas opiniões eram ouvidas e respeitadas.

7. *Como as possibilidades de trabalho futuro eram mais ou menos fixas, e, de uma forma ou de outra, a responsabilidade de escolher uma ocupação recaía unicamente sobre os próprios*

filhos já crescidos, os pais não se preocupavam excessivamente com as futuras carreiras profissionais dos jovens. Preocupavam-se, isso sim, com o seu futuro *caráter*. Os seus esforços por educar as crianças concentravam-se em torno de um conjunto de questões simples: Os meus filhos tornar-se-ão adultos seguros, competentes, responsáveis, tão rapidamente quanto possível, antes mesmo de chegarem à maturidade legal? Serão honestos, sensatos e honrados, tornando digno de estima o nome da nossa família? Viverão de acordo com os nossos princípios morais e depois os transmitirão aos nossos netos? As nossas filhas e filhos casar-se-ão com pessoas que compartilhem os nossos princípios? Os seus casamentos serão estáveis, duradouros e felizes? Continuarão puros e modestos? Todos os aspectos do seu namoro e do seu casamento serão merecedores da nossa aprovação e da de Deus? Poderemos contar com a sua estima e o seu respeito quando formos velhos?

8. *Por fim, as famílias estavam unidas na oração e nas convicções religiosas.* As crianças viam os pais portarem-se com responsabilidade diante de Deus e confiarem na sua Providência amorosa. Como havia tantos perigos na vida e tantas coisas estavam situadas muito além do controle humano – as doenças, os acidentes, as catástrofes

naturais, a fome, a guerra –, todos os membros da família tinham plena consciência da sua total dependência de Deus. A oração era importante, necessária e habitual, e trazia força espiritual a pessoas que já eram fortes no plano humano.

Assim era, em resumidas contas, a vida familiar tal como os nossos antepassados a conheceram durante muitos séculos. No que diz respeito ao desenvolvimento dos jovens, vale a pena reparar que, desde a mais tenra infância, esse padrão os levava a ter contato cotidiano com as qualidades pessoais do modo de ser adulto. Viam nos pais pessoas de caráter. Todos os dias, podiam presenciar como eles e outros adultos punham em prática as virtudes da fé, da esperança, da caridade, do bom senso, da responsabilidade, da fortaleza e autodomínio. À medida que iam crescendo, encontravam no pai um guia competente para o mundo e um modelo de confiança e liderança moral.

A industrialização e a complexa vida urbana que dela resultou ao longo do último século contribuiu para alterar consideravelmente esta estrutura familiar. Os pais passaram a trabalhar longe de casa, como operários de fábrica ou funcionários de escritório, com o que as mães tiveram de arcar com responsabilidades maiores no cuidado dos filhos. E os novos meios de comunicação – o rádio, o cinema e a televisão, a educação em massa – propuseram às crianças modelos alternativos da vida adulta, às vezes com valores opostos aos dos seus pais.

Apesar disso, os hábitos formativos dos séculos anteriores permaneceram intactos até, digamos, meados do século XX. Até ao período imediatamente posterior à Segunda Guerra Mundial (se é que temos que traçar a linha divisória em algum lugar), pode-se dizer que os pais desempenharam em consciência, com seriedade e eficácia, a sua responsabilidade de educar o caráter dos filhos. Apesar das mudanças sociais introduzidas pela industrialização, o pai continuava a ser, inquestionavelmente, o único modelo da força e da competência adultas e não tinha rivais dignos de nota no respeito que recebia dos mais jovens. Ao mesmo tempo, a principal fonte dos valores que os filhos aprendiam continuava a ser o convívio com os adultos e os livros, e a casa continuava a ser o centro da atividade intelectual e social, onde as pessoas conversavam, liam, brincavam, trabalhavam e rezavam juntas. Recursos financeiros escassos significavam apenas que todos os membros da família deviam planejar cuidadosamente os seus gastos, esperar, improvisar ou aprender a viver sem o necessário. As crianças continuavam a respeitar a autoridade dos adultos e ansiavam pelo momento em que poderiam chegar a exercê-la elas mesmas. E, acima de tudo, os pais continuavam a formular as mesmas perguntas sobre o futuro caráter dos filhos e a agir em consequência.

Não devemos romantizar essa era passada, porque é óbvio que, mesmo então, as famílias enfrentavam problemas sérios. Por alguma razão, porém, é certo que a influência paterna era muito mais forte do que hoje e que, por isso, toda a vida familiar era mais estável do que hoje. Bastariam as estatísticas do divórcio para comprová-lo.

Bem consideradas as coisas, é estimulante pensar que tantos pais e mães do nosso tempo venham sendo capazes de formar bem os seus filhos. Mas a verdade é que, para consegui-lo, têm tido de esforçar-se mais e com mais deliberação do que em qualquer outra época.

Observemos agora as circunstâncias atuais e vejamos por que se apresentam assim.

A família de classe média atual

Como dissemos atrás, uma multidão de profundas mudanças na vida das famílias afetou seriamente, ao longo das últimas décadas, o relacionamento formador do caráter entre pais e filhos, e o papel tradicional do pai saiu especialmente combalido dessa refrega.

No decurso de duas gerações, dois aspectos do desenvolvimento social alteraram drasticamente a vida familiar.

Em primeiro lugar, deu-se o crescimento contínuo e sem precedentes do nível de vida da classe média. Não é exagero afirmar que o padrão de vida que alcançamos hoje em dia ultrapassa de longe os mais ousados sonhos de sucesso material que os nossos antepassados alimentavam, por exemplo por volta da virada do século. Num sentido muito real, todos nós nos tornamos riquíssimos.

O segundo aspecto é o do desenvolvimento dos meios eletrônicos de comunicação de massa, que introduziram imagens, ideias e valores marcantes, bem como novos modelos de autoridade no interior das famílias. Pode-se dizer que o relacionamento natural entre pais e filhos se complicou pela presença de estranhos na intimidade do lar.

Estes dois fatos alteraram profundamente a dinâmica formativa entre pais e filhos. Se compararmos a situação atual com a da família «natural», ou ainda com a da família natural modificada de há poucas décadas, as diferenças são impressionantes. Vejamos algumas delas, prestando especial atenção ao papel decrescente do pai.

1. *As crianças de hoje raramente veem o pai trabalhar.* Papai sai de manhã cedo e retorna cansado à noite, muitas vezes bastante tarde. As crianças já não o veem pôr em prática as suas qualidades de inteligência e de vontade ao lidar com o mundo exterior; não o veem exercitar o seu caráter, muitas vezes em situações de pressão, no cumprimento do dever profissional. Não podem, portanto, contemplar em ação esse modelo de virtudes.

Quando observam o pai em casa, geralmente o veem descansando – num momento em que as suas virtudes estão, por assim dizer, inativas. Mesmo quando realiza algum trabalho manual no lar (um acontecimento cada vez mais raro), essa tarefa costuma ter um certo matiz de lazer, é uma interrupção relativamente agradável das tensões do dia a dia. E as crianças dificilmente tomam parte nesse trabalho, pois quase sempre estão absorvidas nas suas próprias atividades recreativas.

Como se sabe, também é cada vez mais raro que as crianças vejam a mãe trabalhar. A pressão em favor de um segundo ordenado no fim do mês com frequência a subtrai ao lar e aos filhos. Desta forma, diminui consideravelmente o impacto exemplar das suas virtudes em exercício.

Por conseguinte, quando as crianças podem observar os pais, estes quase sempre estão descansando, especialmente o papai; e, muito especialmente, quase sempre o veem diante da televisão. (Certo rapaz resumia-o com uma ponta de amargura: «O meu pai só fica assistindo à TV e vagabundeando pela casa».) Infelizmente, as qualidades mais decisivas do caráter não costumam brilhar com intensidade quando se está relaxado, e muito menos diante da telinha. Que modelo resta então às crianças para nele se espelharem?

2. *A casa tornou-se antes um lugar de diversão que de trabalho.* Enquanto antigamente os materiais e utensílios de trabalho abundavam

pela casa e os jogos e brinquedos eram raros, hoje a situação inverteu-se: as ferramentas estão guardadas fora das vistas, enquanto os brinquedos estão por toda a parte – televisores, rádios, videocassetes, aparelhos de som, videogames, mesas de bilhar, alvos para dardos, tabuleiros de jogos, livros para colorir (os livros propriamente ditos, esses são muito escassos), equipamentos esportivos e caixas de brinquedos. Esses objetos de lazer, associados a uma mobília fofa e a sistemas eficientes de ar-condicionado ou calefação, fazem do lar moderno um local excessivamente confortável. A casa tornou-se o ambiente ideal onde os adultos da família podem descansar e «recriar» as suas energias (é aqui que a palavra «recreação» ganha todo o seu sentido original).

Para os pais, este conforto representa uma mudança de ritmo bem-vinda e necessária. Mas, para as crianças – e esta é a questão central aqui –, esse ambiente de conforto e diversão é *o único mundo que conhecem*. Não despenderam energias que fosse preciso «recriar». Não levaram a cabo tarefas extenuantes que exigissem descanso. Todo o universo de experiências de que dispõem consiste em conforto e prazer. Toda a vida é uma diversão.

Não há dúvida de que um visitante do século passado ficaria abismado ao contemplar a reversão de papéis na família moderna. Antigamente, eram os filhos quem devia participar das ocupações dos adultos; hoje, são os pais que têm de se entregar às preocupações e aos desejos dos filhos, centrados – é evidente – em novos modos de diversão. O nosso viajante do tempo observaria que a casa gravita em torno dos interesses infantis. Provavelmente teria a impressão de que as crianças ganharam alguma espécie de revolução social, pois de certa forma são elas que dirigem o lar.

Ou, para olharmos as coisas de outro ângulo: no passado, não era raro que pai e mãe descessem ao nível dos filhos, mas faziam-no para puxá-los para cima. Na família de hoje, os pais parecem descer continuamente ao nível das crianças..., mas para ficar ali.

3. *A conversa com os pais e outros adultos reduziu-se ao mínimo.* Se um pai dedica boa parte do seu tempo a conversar com os filhos sobre a vida situada além dos horizontes deles – isto é, sobre o seu trabalho, a sua história pessoal, os seus pensamentos e preocupações, as suas opiniões e convicções –, certamente compensará em ampla medida a sua ausência durante grande parte das horas úteis do dia.

Mas os estudos pedagógicos mostram que, nos dias de hoje, essa fonte de aprendizado para os filhos ocorre com uma frequência muito menor do que a maioria dos pais imagina. Em muitos casos, as conversas entre pai e filhos – sobre qualquer tema – perfazem menos de vinte minutos ao longo de um dia inteiro, e conversas realmente sérias, nas quais a criança possa aprender alguma coisa sobre a vida e o caráter do pai, são raríssimas.

Alguns psicólogos chegam mesmo a afirmar que os comportamentos fortemente ofensivos de muitos adolescentes modernos são na realidade uma tentativa drástica de atrair a atenção do pai. Os profissionais que trabalham com adolescentes problemáticos têm reparado num traço muito característico comum a todos: esses jovens pouco sabem acerca do seu pai, e têm pouco ou nenhum respeito por ele. Durante os seus anos de formação, o pai nunca chegou a desempenhar um papel relevante no seu desenvolvimento moral.

Se o diálogo com os pais é mínimo, com outros adultos torna-se ainda mais esporádico. É comum que os avós e outros parentes vivam a certa distância de casa, e os vizinhos normalmente não passam de simples conhecidos superficiais; além disso, as visitas sociais são breves e pouco frequentes. As relações da família com professores e sacerdotes costumam ser transitórias e têm-se fora de casa. Toda essa separação leva ao isolamento dos pais, que deixam de dispor do apoio de outros adultos, o que por sua vez traz consigo diversas consequências graves.

Por um lado, os filhos pequenos já não têm ocasião de observar toda uma série de adultos de verdade que os ajudem a matizar o conceito que formaram da maturidade. Nenhum adulto «de fora» é suficientemente conhecido para servir de termo de comparação e para dar perspectiva aos valores dos pais, tais como os filhos os entendem. Não há ninguém para mostrar-lhes, por palavras ou atitudes, que as decisões dos pais são dignas de respeito. Portanto, só lhes sobra uma única fonte de informações a partir da qual formar uma ideia da vida adulta normal: a televisão.

Uma segunda consequência vem à tona durante a adolescência. Hoje em dia, poucas famílias têm adultos amigos ou parentes próximos que possam servir de intermediários nos conflitos entre os pais e seus *teenagers*. Faltam aos jovens algumas pessoas mais velhas que não estejam diretamente envolvidas nessas altercações e possam explicar-lhes, precisamente por estarem numa posição isenta, por que os seus pais procedem desta ou daquela forma, e por que a posição deles é razoável e correta: – «A sua mãe e o seu pai têm razão neste e naquele ponto, embora no momento estejam um pouco nervosos. Por que você não espera que as coisas se acalmem e depois vai procurá-los para conversar…?» E, por sua vez, faltam aos pais outros adultos que possam ajudá-los com uns conselhos alicerçados na experiência e esclarecer-lhes as dúvidas. Uma das incertezas mais comuns que os pais de hoje experimentam ao lidarem com os filhos adolescentes é saber se estão agindo da maneira correta ou não: Onde traçar a linha divisória entre a firmeza e a condescendência? Tal exigência disciplinar será excessiva ou insuficiente?

Vale a pena reparar como este isolamento do mundo adulto contrasta com as circunstâncias sociais do adolescente. Todos os dias, no colégio, os jovens estão em contato estreito com dúzias de outros jovens mais ou menos rebeldes como eles e tão cheios de energia como eles, e a solidariedade da «turma» em torno dos padrões de comportamento da «cultura *teen*» faz com que todos se sintam respaldados quando desejam criar algum tipo de enfrentamento agressivo em casa. Não admira que tantos pais se sintam «acuados» ao lidarem com eles.

No entanto, todo o adolescente está sempre em contato com um limitado grupo de adultos que exercem alguma influência significativa sobre ele. Os professores servem frequentemente de figuras paternas para os jovens, especialmente para os rapazes. Afinal de contas, são os únicos homens adultos que o jovem tem oportunidade de observar de perto enquanto trabalham.

O professor ocupa hoje o papel desempenhado pelo pai na família «natural» de antigamente, acabando por ser o modelo do sucesso masculino adulto. E os jovens sentem-se arrastados por esse tipo de liderança.

Se o professor também se preocupa com o bem-estar futuro dos seus alunos (e os melhores professores sempre o fazem), procurará contribuir ativamente para a formação do seu caráter. E os jovens corresponderão a essas mostras de dedicação com o seu respeito e afeto. Muitos homens adultos continuam a nutrir, ao longo de toda a vida, uma profunda gratidão pelos professores que tanto os ajudaram na juventude. E, ironicamente, acontece também haver jovens que têm mais respeito pelo professor do que pelo pai…

4. *As crianças mais velhas e os adolescentes de hoje vivem como consumidores, não como produtores.* Hoje em dia, na maior parte dos lares de classe média, o trabalho das crianças deixou de ser realmente necessário. Talvez seja conveniente, mas não representa uma contribuição indispensável para a vida familiar. Na realidade, muitos pais preferem realizar eles mesmos as tarefas dos filhos a cobrá-los constantemente. Neste tipo de famílias, as crianças espertas logo aprendem que, para escapar do trabalho, basta-lhes simplesmente atrasá-lo uma e outra vez;

cedo ou tarde, os pais acabarão por desistir e por deixá-las fazer o que bem entendem, isto é, divertir-se. Para este tipo de pais, a paz doméstica é mais importante que a familiarização dos jovens com as realidades da vida adulta.

As famílias com uma situação econômica menos desafogada continuam, no entanto, a precisar da ajuda das crianças, especialmente quando têm muitos filhos. Pobreza real sempre significa mais trabalho, o que por sua vez conduz à responsabilidade autêntica. Há muito que todos os professores sabem que as crianças vindas de famílias numerosas ou financeiramente desfavorecidas costumam demonstrar mais iniciativa, mais firmeza e uma autoconfiança mais saudável.

Mas que função social cumpre então a maioria dos jovens de classe média? Tem-se a impressão de que se limitam a consumir bens e serviços. Como dispõem de tempo e dinheiro em abundância, e se veem atraídos por um sem-número de apaixonantes interesses novos ao chegarem à adolescência, esses jovens constituem um polpudo mercado para a exploração comercial. Tornaram-se, efetivamente, uma «classe ociosa» artificial: a sua única utilidade social e econômica consiste em gastar dinheiro.

Quando chegam a desempenhar algum trabalho de meio período, é comovente observar a avidez com que muitas vezes se lançam a fazê-lo.

E o mesmo se dá quando trabalham em projetos de serviço social ou se oferecem como voluntários para ajudar numa tarefa de emergência, como por exemplo empilhar sacos de areia para conter uma inundação. Finalmente, alguém precisa deles! E agarram-se de unhas e dentes a essas oportunidades de provar – talvez sobretudo a si mesmos – aquilo de que são capazes. Num certo sentido, estão à procura de respeito, de uma estima autêntica baseada no reconhecimento da sua maturidade por parte dos adultos. Antigamente, quem lhes conferia este tipo de respeito e, em consequência, o sadio respeito por si mesmos, eram principalmente o pai e a mãe.

Mesmo com empregos de meio período, porém, as circunstâncias de vida do adolescente permanecem as mesmas de quando era uma criança totalmente dependente. Ainda que um jovem de 16 anos tenha já 95% da altura e do peso que terá como adulto, na realidade ainda está longe de conseguir sustentar-se por si só. Tem quase todas as capacidades do adulto e praticamente nenhuma das suas responsabilidades. Para todos os efeitos reais, continua essencialmente uma criança, e é isso o que se esperará dele ainda por muitos anos, pelo menos no que diz respeito a dependência econômica. Os hábitos de diversão, que no passado eram deixados de lado abruptamente por ocasião da puberdade, agora continuam mais ou menos intactos até depois dos vinte anos, enquanto o emprego provê esses jovens de uma abundância de «dinheiro para gastar» (repare-se bem no termo).

Se a visão que temos da vida é formada principalmente por meio da experiência pessoal, não nos deveria surpreender a busca implacável do prazer por parte de tantos jovens. Um número respeitável deles chega aos vinte anos sem nenhuma experiência – pessoal ou alheia – do que significa um trabalho produtivo e prazeroso. Ao invés disso, praticamente toda a experiência que tiveram esteve centrada nas atividades de lazer, nos jogos e brincadeiras. Não admira que considerem a felicidade como sinônimo de diversão.

5. *A sociedade adulta exterior à família também não exige responsabilidade aos adolescentes*. Os graves problemas que afetam a educação de segundo grau são por demais complexos e controversos para que os exponhamos aqui, mas há pelo menos uma generalização que podemos fazer sem correr o risco de errar: em comparação com os seus colegas de há vinte anos ou mais, os atuais alunos do colegial esforçam-se muito menos, e aprendem também muito menos acerca do desempenho profissional que se exige dos adultos. As provas deste declínio são incontáveis.

Embora os alunos mais brilhantes dos melhores colégios ainda enfrentem desafios intelectuais razoavelmente exigentes, a imensa maioria dos outros não recebe nada que se assemelhe a uma preparação para as responsabilidades adultas. Ora, se as escolas não servem para isso, para que servem então? Será que faz sentido sustentarmos deliberadamente a parte mais sã e mais vigorosa da população longe do mercado de trabalho, e ainda pagar caro por isso? Em tantos aspectos – roupas, comportamento, rendimento nos estudos –, os nossos colégios secundários mais parecem uma extensão das escolas primárias do que uma introdução à vida dos adultos. Ou, para formulá-lo de outra forma: quantos alunos de colegial têm um dia de trabalho de oito horas, entre aulas e tarefas de casa?

Alguns críticos do atual sistema de ensino têm feito notar que os adolescentes procuram biscates e empregos temporários porque estão ansiosos por trabalhar um pouco. A necessidade natural que experimentam de enfrentar desafios simplesmente não é atendida pela escola. Até fritar *hambúrgueres* é considerado mais «adulto» do que assistir a umas aulas monótonas e infantis e resolver uns exercícios dignos da escolinha primária. Aos olhos de tantos *teenagers*, o ambiente escolar parece empenhado em tratá-los como crianças e em impedi-los de lançar-se na direção de uma maturidade responsável.

É claro que sempre há muitos professores dedicados que impõem exigências mais sérias às habilidades dos alunos, lançando mão conscientemente de altos padrões de desempenho para fortalecer nos jovens as qualidades da inteligência e da vontade – para lhes formar o caráter. Esses são os professores que acabam por gozar do respeito afetuoso dos seus alunos e alunas – se não em época de provas, pelo menos mais tarde, passados já alguns anos.

Que dizer das competições esportivas organizadas para adolescentes? Que efeitos têm sobre o desenvolvimento do caráter? Na pior das hipóteses, como é lógico, aperfeiçoam o condicionamento físico, e isso sem dúvida é muito melhor do que deixar o rapaz deitado horas a fio diante da televisão. Mas a questão aqui é: que acontece com a mente e a vontade desses jovens atletas? Alguns dos críticos que mencionamos comentam que pertencer a alguma dessas ligas esportivas escolares altamente hierarquizadas é como ser um pequeno empregado numa enorme corporação impessoal. Ou seja, espera-se que a pessoa se mostre capaz de desincumbir-se de uma função muito bem definida e na qual não pode falhar; mas, afora isso, tudo o que acontece nos escalões superiores encontra-se envolto num mistério inacessível. Se realmente é assim, que estarão aprendendo os jovens, além de algumas habilidades físicas?

Em contrapartida, os campeonatos de futebol de rua ou de várzea que as crianças organizavam praticamente até anteontem eram – não o nego – irremediavelmente desorganizados e repletos de brigas intermináveis, mas a verdade é que pertenciam às crianças que os organizavam. Eram elas que, contando apenas com um mínimo de orientação por parte de algum adulto, dividiam os times, atribuíam responsabilidades, estabeleciam e seguiam as regras do jogo. Todas as rixas infantis, aparentemente tão desprovidas de sentido, que acompanhavam esse processo, na verdade serviam para ensinar-lhes um sem-número de verdades sobre o modo como funciona a sociedade dos adultos: conflitos, discernimento, avaliação das personalidades alheias, compromisso, honestidade, consenso.

Convém notar que, neste tipo de atividades, os adultos costumavam *orientar*, não *dirigir* as crianças. Em matéria de formação do caráter, a diferença entre esses dois modos de intervir é enorme. Um conjunto de atividades excessivamente reguladas, mas pouco orientadas, parece fazer muito menos pelos jovens do que a maioria dos pais imagina. Se tudo o que é importante é feito pelos pais *em vez* das crianças, até o simples transporte físico de um lugar para outro, que estarão elas aprendendo sobre a vida adulta e sobre si mesmas? No nosso empenho por dar-lhes ocupações produtivas, dirigimo-las para a autoconfiança responsável, ou simplesmente nos limitamos a poupar-lhes aborrecimentos?

6. *A televisão e outros meios de entretenimento tornaram-se o principal veículo pelo qual as crianças tomam conhecimento da vida adulta.* A ascensão da televisão como padrão de autoridade, que enfraqueceu ou mesmo substituiu a autoridade dos pais e de outros adultos, foi uma das mais rápidas e significativas mudanças sociais das últimas décadas, e até agora mal começamos a apreciar os seus efeitos.

É natural que as crianças e os adolescentes imitem – geralmente de modo inconsciente – os adultos que servem de modelo de força de caráter e de sucesso. Durante séculos, foi este o papel do pai, e, nas famílias em que estava ausente, outro homem adulto assumia essa função. Mas as crianças de hoje raramente veem o pai demonstrar as qualidades que exercita fora de casa, e dificilmente veem outros adultos demonstrarem respeito pelo seu pai. Por fim, a assistência à TV praticamente eliminou o diálogo entre pai e filhos, que permitia aos pequenos conhecer o pai na intimidade; em consequência, acabam por ter uma noção genérica e extremamente pobre do caráter paterno, que lhes aparece como *relativamente fraco*: amigável, simpático, inclinado ao descanso, um tanto tedioso; em suma, pouco digno de consideração.

Usamos a expressão «relativamente fraco», pois a televisão e os outros meios de entretenimento fornecem constantemente às crianças diversos padrões com os quais podem comparar o caráter do seu pai. Se costumam assistir habitualmente a várias horas de TV, terão a imaginação povoada de um conjunto de modelos de autoridade: cantores de rock, músicos, atrizes e atores, apresentadores de programas, comediantes e outras «celebridades» sortidas. Alguns estudos têm mostrado como essas figuras passam a ser aceitas pelas crianças como elementos íntimos da família, e, em muitos lares, esses profissionais do entretenimento são os únicos adultos que realmente têm entrada na família. Não são poucas as crianças que sabem mais sobre esses personagens do que sobre os seus próprios avós.

O ponto chave é este: os artistas irradiam um brilho (ou, melhor, uma aparência de brilho) que, por assim dizer, faz sombra à imagem que a criança tem das qualidades do seu pai. Parecem possuir no mais alto grau todas as qualidades que as crianças mais crescidas e os adolescentes procuram: mostram-se confiantes, extremamente competentes, social e financeiramente bem-sucedidos, populares e respeitados, sofisticados, transbordantes de energias ilimitadas. São assim verdadeiros *rivais* do pai no respeito e na emulação dos filhos.

A atração dos jovens por esses «substitutos paternos» está na raiz de dois fenômenos curiosos deste final do século XX. O primeiro é a estranha lista de heróis da juventude moderna. Se perguntarmos a estudantes do colegial e da Universidade quem são as pessoas que admiram, o resultado será uma estranha mistura de nomes: Madre Teresa de Calcutá, o Papa João Paulo II, um ou dois políticos proeminentes, e a seguir uma coleção de nomes oriundos da indústria do entretenimento. Santos autênticos comparecem ali lado a lado com políticos e «celebridades diversas». Que será que uns e outros têm em comum? O caráter é que não... Talvez seja simplesmente o fato de aparecerem com frequência na televisão.

E o segundo fenômeno é a enorme influência – absolutamente desproporcionada para o seu número – que os artistas exercem sobre a subcultura adolescente. Embora não representem senão uma porcentagem infinitesimal da população, têm um efeito direto sobre o modo como os jovens falam, pensam, se vestem e se comportam. Uma porção considerável das conversas juvenis gira em torno dos feitos e do caráter – tal como lhes é apresentado – dos cantores, comediantes e outras «personalidades» televisivas. Raramente falam de alguma outra profissão que não as relacionadas com o mundo da imagem e do som, e, quando discutem outros campos de trabalho (por exemplo o direito, a medicina, a polícia, os negócios, etc.), os seus conceitos refletem em ampla medida o que aprenderam na telinha.

Não admira, pois, que uma parte tão considerável dos jovens de hoje demonstre insegurança, apreensão e falta de realismo ao atingirem a maturidade plena, por volta dos vinte anos ou mais. Afinal, desde a infância, todas as suas imagens da vida adulta não passavam, literalmente, de ilusões. E o seu pai, mesmo sem o pretender, pouco fez para trazê-las de volta à realidade. Não lhes ofereceu, com a sua vida, um contrapeso para a influência da televisão. Pelo contrário, tantas e tantas vezes limitou-se a ser mais um devotado assistente da programação televisiva. E não é razoável esperar que brotem muitas virtudes ou orientações práticas do fundo de uma poltrona.

7. *Por último, a prática da religião raramente representa uma parte significativa da vida da família.* Ao longo da História, os períodos de grande prosperidade sempre assistiram a um acentuado declínio das crenças e das práticas religiosas. Talvez seja porque as riquezas materiais tendem

a obscurecer a realidade central da vida – a de que dependemos inteiramente de Deus e teremos de prestar-Lhe contas pelo modo como vivemos. O bem-estar alimenta em nós a ilusão de que a vida se encontra sob nosso controle, e o ilusório poder do dinheiro enfraquece o nosso senso das responsabilidades transcendentes.

O próprio Cristo nos fez sérias advertências sobre *o perigo das riquezas*. Seria um erro pensar que Ele se referia apenas à pequena minoria que constituía as classes mais altas do Império Romano: dirigia-se também a nós. A classe média do mundo ocidental, neste final do século XX, goza de mais poderes, mais segurança, mais conforto e mais posses que os mais bem-situados contemporâneos dos Apóstolos. A abundância do nosso nível e estilo de vida excede os sonhos dos Césares.

Que efeito tem tido esta prosperidade sobre as nossas famílias? Entre outras coisas, significou um decréscimo considerável do tempo normalmente dedicado à oração. Boa porcentagem das crianças quase nunca reza em casa, e muito menos vê seu pai rezar.

Para as crianças mais novas, ver o pai prestar reverência a um Poder Superior é importante para desenvolverem o conceito de Deus que terão ao longo de toda a vida. Se até o papai demonstra afeto e respeito para com Deus, então esse Deus deve mesmo ser Todo-Poderoso. Deve ser Ele próprio um Pai – amoroso, protetor, onisciente, onipotente.

À medida que as crianças crescem, as atitudes do pai com relação a Deus vão tendo efeitos mais sutis e mais profundos. Os psicólogos têm observado que o pai (que aparece como o *expert* em assuntos extrafamiliares) é o responsável pela forma profunda e, até certo ponto, definitiva que a consciência do jovem assumirá: essa ética a que chamamos *interna*, a distinção nítida entre o certo e o errado que orienta as nossas ações como adultos. É pela sua atitude e pelas suas ações que o pai diz ao filho: «É assim que nós, adultos, nos comportamos no mundo, quer nos custe, quer não. É assim que agradamos a Deus nosso Pai e vivemos de modo honrado entre os homens e as mulheres».

As convicções religiosas são uma das grandes forças na vida de uma pessoa. Conduzem à aquisição de muitos outros valores: firmam e clarificam o discernimento, incutem capacidade de querer, conferem segurança ao agir e senhorio de si. São esses os valores que os jovens procuram e é por eles que anseiam. Se os encontrarem no seu pai, muito provavelmente procurarão adotá-los, se não imediatamente, pelo menos mais tarde. Mas, se não os encontrarem…

Se não os encontrarem, procurarão outros valores noutra parte. Cercados como estão pelos atrativos da cultura materialista, adotarão facilmente a estreita e racionalista visão do mundo do materialismo moderno, que afirma que o homem não passa de um animal mais esperto que os outros, que a vida termina com a morte, que a moral não passa de uma convenção social, que a religião é uma farsa, que o verdadeiro objetivo da vida é a busca do prazer, do dinheiro e do poder.

Em resumo, à medida que as crianças se aproximam da maturidade, enfrentam um dilema existencial: a fé religiosa ou a fé materialista. E a escolha que farão dependerá numa medida enorme da liderança espiritual exercida pelo pai.

Pais bem-sucedidos hoje

As transformações que descrevemos anteriormente alteraram de maneira quase imperceptível a relação formativa entre pai e filhos. Durante as últimas décadas, os pais vêm perdendo boa parte da liderança moral que detinham na família, se não a maior parte; no entanto, conforme a nossa experiência, muitos não chegaram sequer a tomar consciência da erosão que o seu papel sofreu e das graves implicações que isso tem para a felicidade futura dos seus filhos.

Muitos pais pensam estar desempenhando adequadamente o seu papel simplesmente porque proporcionam conforto à família (e depois participam desse mesmo conforto). Enganam-se, e infelizmente só costumam perceber até que ponto estão errados quando os filhos chegam ao colegial, ou ainda mais tarde, quando crescem e se vão embora.

A História demonstra que os filhos não têm necessidade de receber conforto e facilidades dos pais; do que realmente necessitam, via de regra, é de um exemplo vivo de caráter e de consciência firmes, de um homem que lhes mostre como viver as virtudes. As crianças precisam sentir, natural e inconscientemente, *que o seu pai é um herói.*

Qualquer pai que pareça um herói aos seus filhos suscitará neles uma veneração que durará toda a vida. Não será uma figura distante, intocável, autoritária e severa; pelo contrário, será o melhor amigo dos seus filhos e, mesmo sem sabê-lo, o modelo de todas as suas amizades futuras. Será uma fonte de alegria, confiança, bom humor e sabedoria. O respeito filial por ele e pelos seus valores servirá de ponto de apoio firme nos anos da adolescência, ajudando os jovens a neutralizar a influência negativa dos colegas e a resistir às tentações do materialismo.

Alguns desses pais serão ativos e sociáveis, líderes naturais em casa e no serviço. Outros – como alguns dos mais bem-sucedidos que conheço – serão homens calmos e reservados, e não se destacariam por nada de especial no meio de uma multidão. Vários têm limitações pessoais evidentes: são obesos, pouco atléticos ou sofrem de deficiências físicas. Mas, independentemente do seu temperamento e das suas fraquezas pessoais, todos possuem uma coisa em comum: as suas esposas e os seus filhos respeitam-nos profundamente pela sua força de caráter.

Como dissemos no princípio deste ensaio, conhecemos centenas de pais oriundos de todo o tipo de situações e circunstâncias familiares. Ao longo dos anos, pudemos observar uma série de traços comuns aos pais bem-sucedidos. Com algumas variações de ênfase, as mesmas atitudes surgem uma e outra vez nessas famílias. Pelo seu valor de experiência, gostaríamos de descrevê-las aqui; limito-me a sugerir que, à medida que as enunciarmos, o leitor repare como se aproximam, se adaptadas às circunstâncias modernas, daquela dinâmica da família «natural» que esboçamos anteriormente.

1. *Os pais bem-sucedidos sentem-se «sócios» das suas esposas num empreendimento conjunto.* Não são dominadores nem negligentes. Apreciam sinceramente os sacrifícios da mulher, as suas longas horas de trabalho duro, a sua atenção amorosa aos detalhes. E, o que é mais importante, *demonstram esse apreço* diante das crianças. Conscientemente ou não, esses pais dirigem a atenção dos filhos para as maravilhosas qualidades da mãe e compartilham com eles a gratidão e o respeito por ela.

Muitos pais deixam de perceber um fator muito importante na vida familiar: os homens frequentemente recebem mostras de reconhecimento no âmbito do seu trabalho – avaliações positivas, aumentos de salário, promoções, congratulações. Mas se as mulheres que trabalham o tempo todo em casa não receberem esse apreço dos seus maridos, não o receberão de ninguém. As crianças, como se sabe, são ingratas por nascimento, e, se o pai não as educa neste aspecto, a mãe terá de suportar um pesado fardo emocional, composto unicamente de exigências e críticas. O respeito dos filhos pelos seus pais tem de começar pelo respeito dos cônjuges entre si.

2. *Os pais bem-sucedidos pensam no caráter dos filhos em termos de longo prazo, como futuros homens e mulheres maduros.* Pensam em qualidades interiores, não em escolhas profissionais. Enfrentam as mesmas perguntas, centradas sobre o caráter, que os pais sempre formularam: «O que é que a minha mulher e eu temos de fazer *já* para formar os nossos filhos numa maturidade responsável?» Noutras palavras, veem-se como *educadores de adultos, não de crianças*.

3. *Como consequência deste modo de ver, conversam frequentemente com as suas esposas sobre as qualidades e os defeitos de caráter dos filhos.* Esses homens têm consciência de que as

suas mulheres costumam ser mais sensíveis e intuitivas quando se trata de detectar qualidades e fraquezas, e respeitam as opiniões delas. Embora pai e mãe possam discordar uma ou outra vez quanto às táticas de atuação a adotar, estão firmemente determinados a chegar a um acordo quanto ao que se deve fazer, pois têm plena consciência de que é fundamental para os filhos verem os pais unidos, especialmente em tudo o que diga respeito à disciplina. Além disso, mesmo que de vez em quando discutam na frente deles, cuidam sempre de evitar brigas acaloradas. Muito se poderia dizer em favor das divergências entre os pais resolvidas amigavelmente diante das crianças; mas as brigas são uma ameaça à união familiar.

4. *Esses pais conversam frequentemente e sobre os mais diversos temas com os filhos.* A conversa é o modo mais comum de descansar nas suas casas. Os pais falam da sua própria infância e vida familiar, do seu namoro com a mamãe, dos seus erros e disparates passados, das suas responsabilidades no trabalho, das suas ansiedades e preocupações, das suas relações com pessoas que os filhos admiram, das suas opiniões e convicções, e assim por diante, até onde alcançarem a sua memória e a sua inteligência. Falam sobre

os avós, os ancestrais e a honra da família. O que não significa que massacrem as crianças com tanta conversa ou tentem impor-lhes a todo o custo os seus pontos de vista. Às vezes, o jovem (sobretudo no início da adolescência) simplesmente não quer conversar, mas esses pais são pacientes e esperam o momento adequado. Como efeito desse ambiente de trato coloquial, as crianças chegam a conhecer de cor e salteado a personalidade do pai, e com o tempo começarão a respeitar a sua experiência e os seus pontos de vista.

5. *Naturalmente, esses pais também ouvem com atenção tudo o que os filhos têm a dizer-lhes.* Escutam até aquilo que não dizem, mas que está implícito. Começam a compreender as mudanças que se vão dando na mente dos jovens, e orientam-lhes os juízos que começam a fazer sobre as pessoas e os acontecimentos. Respeitam-lhes a privacidade, parabenizam-nos pelas vitórias que alcançam na conquista do caráter, mostram-lhes as esperanças que têm em que se tornem homens e mulheres magnânimos e honrados, independentemente da profissão que venham a escolher no futuro.

6. *Os pais bem-sucedidos restringem ao mínimo o uso da televisão.* Percebem que a telinha rouba tempo à vida familiar e sufoca todo o diálo-

go. Sempre que se exibe algo proveitoso, a família toda (ou boa parte dela) assiste ao programa; caso contrário, o televisor permanece desligado e as crianças ocupam-se em alguma atividade construtiva, como conversar, brincar, ler, estudar, aproveitando ao máximo os poucos anos que passarão todos juntos. Se desta forma a televisão deixa de exercer a função de babá eletrônica, o que trará mais trabalho para a mamãe, o pai deverá ajudá-la mais nas tarefas de casa; e se se dispuser a assumir a liderança nesta matéria, toda a vida do lar decorrerá de modo mais ativo e, por isso mesmo, saudável.

7. *Os pais bem-sucedidos encaram a disciplina, não como punição ou mero controle do comportamento, mas como meio de formar o autocontrole nas crianças.* Sabem que o «não» também é uma palavra carinhosa e que, se não for usado, a criança poderá tornar-se incapaz de controlar os seus impulsos; e, na atual cultura da droga, semelhante fraqueza pode vir a ser extremamente perigosa. Com uma visão previdente, esses pais percebem que os seus filhos precisam ser encorajados e treinados desde cedo na arte de vencer os próprios sentimentos, de forma a adquirirem domínio de si no futuro.

Por isso, esses pais não hesitam em lançar mão de castigos físicos razoáveis e proporcionados, sempre que necessário. Referimo-nos à dor pequena e temporária que se inflige para reforçar uma lição importante, principalmente quando é preciso castigar uma desobediência ou rebeldia flagrante contra a autoridade paterna. Sabem que a felicidade duradoura dos filhos vale muito mais do que o desconforto momentâneo de uma lição duramente aprendida, porque em pouco tempo as lágrimas secam e a dor se esvai, ao passo que a linha divisória entre o certo e o errado permanece – e isto é o que conta. Quando a disciplina é aplicada com amor, faz crescer nos filhos o respeito e a admiração pelos pais, e é nisso que se apoia tudo o mais.

8. *Os pais bem-sucedidos confiam na sua própria autoridade.* Sabem que a paternidade não é um cargo eletivo, e que a sua autoridade não procede do consenso dos governados. Vem da própria função, da responsabilidade dada por Deus e livremente assumida pelo homem. Consequentemente, os pais bem-sucedidos não têm medo de tornar-se *temporariamente impopulares*. O amor que dedicam aos filhos e a firmeza com que se dispõem a velar pelos seus melhores interesses de longo prazo são suficientemente fortes para passar por cima das teimosias infantis e das ocasionais relutâncias que manifestam em fazer a coisa certa.

Em suma, esses pais não permitem aquilo que não aprovam. Às vezes, pode acontecer que não estejam completamente seguros do acerto de tal ou qual decisão, mas não têm a menor dúvida de que têm o pleno direito de tomar decisões e de fazê-las cumprir.

9. *A maioria dos pais bem-sucedidos tem um bom número de amigos.* A sua casa está aberta às visitas: vizinhos, parentes, colegas de trabalho, amigos de infância. Esses homens procuram também a amizade de outros adultos dentre os que lidam íntima e habitualmente com os seus filhos: sacerdotes, professores, técnicos esportivos, os pais dos amigos dos filhos... As amizades profundas trazem à superfície o que temos de melhor, e é bom que os filhos o vejam; levam-nos a demonstrar a cortesia e o respeito que embasam toda a amizade verdadeira, e também isso é bom que os filhos o vejam. Além disso, os filhos descobrem quem são as pessoas que os pais respeitam, por que as respeitam e como o demonstram.

Enfim, à medida que as meninas e os meninos se vão tornando adolescentes, os pais passam a dispor de uma verdadeira rede de apoio formada por adultos experientes em quem poderão confiar quando precisarem de ajuda e conselho. E este tipo de apoio é extremamente importante para fortalecer a capacidade de discernimento e a segurança deles mesmos.

10. *Os pais bem-sucedidos quase sempre têm uma fé religiosa profunda e ativa.* As crianças veem-nos rezar e interessar-se a sério pela sua formação doutrinal e moral pessoal.

A religião influi diretamente na perspectiva com que esses pais disciplinam os seus filhos. Não lhes permite mostrarem-se tirânicos nem permissivos, pois estes dois comportamentos extremos nascem por igual do egoísmo. O amor a Deus e à família, associado à decisão de viverem sempre de acordo com os ditames da sua consciência bem formada, fazem-nos tratar os filhos tal como Deus nos trata a todos – com firmeza, compreensão e afeto.

Esses homens sabem até que ponto o bem-estar das suas famílias depende do cuidado amoroso de Deus; sabem sobretudo que a vida futura dos seus filhos está inteiramente nas mãos dEle. Por isso, sabem que a melhor coisa que podem ensinar aos filhos é um hábito duradouro de oração, e que a virtude da esperança será para eles a única âncora capaz de sustentá-los durante as tempestuosas travessias que terão de enfrentar.

Ou, para dizê-lo noutras palavras, esses pais percebem que cada geração de crianças tem que ser catequizada novamente, e que podem facilmente vir a perder a fé se se negligencia este dever. A fé cristã, que por quase dois milênios tem sido patrimônio das famílias, poderia simplesmente desaparecer e apagar-se no espaço de *uma só geração*, se a catequese familiar fosse desleixada: e, de certa forma, este é o espetáculo que se vem desenrolando hoje sob os nossos olhos. Para todo o pai cristão, a tarefa de transmitir intacta a sua fé aos filhos é o seu dever primordial. Não há outra responsabilidade que se compare a esta.

11. *Os pais bem-sucedidos ensinam os seus filhos a ser «pobres em espírito»*. Sabem com toda a clareza que o bem-estar excessivo corrompe as pessoas, sejam adultos ou crianças. Como afirmam as Escrituras em muitas passagens, as riquezas cegam-nos para as realidades terrenas e eternas. Deus não nos criou para sermos meros «consumidores».

Como é que os pais transmitem este espírito de pobreza? De muitas maneiras. Trabalham junto com os filhos, em casa, mostrando-lhes a relação que existe entre esforços e resultados, bem como a satisfação que causa atingir certas metas pessoais. Dão-lhes mesadas apertadas. Fazem-nos esperar pelas coisas e, se possível, merecê-las. Dedicam generosamente tempo e dinheiro aos necessitados, e encorajam os filhos jovens a fazer o mesmo, sem no entanto forçá-los. Não atulham a casa de jogos eletrônicos e brinquedos caros. Planejam as despesas e economizam para o futuro, e assim ensinam às crianças uma importante lição: a de que o dinheiro é um *instrumento*, um recurso que existe para servirmos as pessoas a quem queremos bem e os necessitados, e nada mais que isso.

O pai e a mãe devem mostrar também aos jovens, e deliberadamente, que a verdadeira alegria não provém de divertimentos agradáveis. Procede de outras fontes mais espirituais, como a confiança em Deus, uma consciência limpa, a solidariedade familiar, a generosidade com os outros, a amizade terna e respeitosa, a satisfação que dá um trabalho bem acabado. Essas são as verdadeiras riquezas da vida..., mesmo que se esteja economicamente falido.

12. *Por fim, os pais mais bem-sucedidos sempre antepõem o bem-estar da família às exigências do trabalho.* Sabem que os seus filhos podem sofrer graves carências se eles os negligenciarem, e sabem que não há nenhuma conquista profissional – aumentos, promoções, projetos executados – que compense semelhante perda.

É triste dizê-lo, mas a verdade é que muitos homens chegam à meia-idade ou à aposentadoria profundamente decepcionados com os resultados da sua vida de trabalho. Esfalfaram-se anos e anos a fio para atingir determinados objetivos, para montar o seu negócio ou o seu consultório, apenas para descobrir que essas realizações estão fadadas a desaparecer cedo ou tarde. Os tempos mudam, novos tipos de empresas e modos de trabalhar substituem os antigos, novos gerentes desfazem o que os anteriores construíram. Seja qual for o ângulo sob o qual se examine, o trabalho não é, não pode ser um fim em si mesmo.

Mas – e quanto aos filhos? Eles, sim, perduram para sempre, pois têm uma alma imortal. E a sua felicidade terrena e eterna depende, em enorme medida, da influência que o pai exerceu sobre eles nas duas primeiras décadas da sua vida. É um período de tempo breve, que só se dá uma vez. Este é um dos fatos centrais da existência, tal como Deus a instituiu: os pais têm uma chance – *e apenas uma* – de formar bem os seus filhos.

No entardecer da vida, os pais bem-sucedidos terão oportunidade de desfrutar dos frutos do seu sacrifício: o sucesso dos seus filhos. Verão como se tornaram mulheres e homens seguros, responsáveis, empenhados em viver de acordo com os princípios que eles próprios lhes ensinaram. Deus manda-nos a todos honrar pai e mãe, e a maior honra que um filho pode prestar aos seus pais é justamente a de adotar a consciência e o caráter deles.

Ver os filhos crescer assim é o maior desafio que um homem pode enfrentar e o maior prêmio que pode receber. É a razão de ser de toda a paternidade.

Questões para a reflexão pessoal

Muitos conhecidos nossos têm considerado útil refletir de tempos a tempos sobre o modo como estão cumprindo as suas responsabilidades de maridos e de pais. É natural que todos tenhamos muitas ocupações no trabalho e em casa, e, imersos como estamos nos detalhes, facilmente perdemos a visão de conjunto e nos esquecemos dos grandes objetivos que nos propomos. Tal como acontece no mundo dos negócios, é preciso interromper o ramerrão de vez em quando para refletir no que realmente estamos fazendo, e por que o fazemos.

As perguntas abaixo relacionadas formam uma espécie de roteiro de exame que muitos pais bem-sucedidos têm usado para terem sempre as rédeas na mão. Espero que algumas delas, ou mesmo todas, lhe sejam úteis.

1. Dadas as muitas forças que influenciam a formação do caráter dos meus filhos, com que frequência penso seriamente nas qualidades e virtudes que eles enxergam em mim? Se não as encontram em *mim*, onde as encontram? Se não sou um líder para eles, quem o é?

2. Se já hoje os meus filhos pequenos dão sinais de defeitos de caráter, como serão quando chegarem à adolescência ou à maturidade? Com essas deficiências, que problemas terão de enfrentar ao longo da vida?

3. Que sabem os meus filhos sobre o meu trabalho? Será que percebem a força de caráter que preciso pôr em jogo para executá-lo bem apesar das dificuldades? Compreendem *como* e *por que* alcanço a satisfação pessoal no meu trabalho?

4. A quem é que as minhas crianças respeitam e admiram, e por quê? Sabem quem são as pessoas que estimo, e por quê?

5. Em que circunstâncias os meus filhos me veem demonstrar respeito pelos outros: no culto religioso, nos detalhes de cortesia e boas maneiras em público, nas minhas conversas sobre as outras pessoas em casa? Que aconteceria se as minhas crianças crescessem sem este respeito ha-

bitual pelos direitos dos outros, a começar pelos de Deus?

6. As minhas crianças têm e demonstram respeito e reconhecimento suficientes para com a sua mãe? Em que situações podem observar como *eu* demonstro a minha gratidão, o meu afeto e o meu profundo respeito por ela?

7. Será que os meus filhos podem estar 100% conscientes de que a sua mãe é a pessoa nº 1 da minha vida? Que é que lhes digo e que faço para demonstrar-lhes como é maravilhoso o caráter dela e como são admiráveis as suas qualidades? Mostro às minhas filhas que, a meu ver, a mãe delas é exatamente o tipo de mulher que devem procurar ser quando crescerem? E os meus filhos percebem que ela é o modelo das qualidades que deverão buscar nas suas futuras esposas?

8. As minhas crianças têm o sentido da «honra familiar» e do «bom nome da família»? Que sabem a respeito da história da nossa família? Conhecem bem a vida dos avós – as suas lutas e a sua coragem silenciosa, a sua firmeza na fé e nos valores religiosos e culturais, transmitidos agora a mais uma nova geração? Dão-se conta do respeito, afeto e gratidão que eles merecem?

9. Quantas horas passam os meus filhos diante da televisão por semana? Que tipo de personagens da TV admiram?

10. Que poderiam estar *aprendendo* se dedicassem parte do tempo que passam diante da televisão a outras atividades, como leitura, lições de música, quebra-cabeças, trabalhos manuais, visita aos parentes mais velhos, planejamento e execução de projetos próprios, ajuda nas tarefas do lar? Não poderiam, desta forma, tornar-se mais fortes, maduros, seguros de si e responsáveis?

11. As atividades escolares ou esportivas dos meus filhos não estarão sendo mal dirigidas pelos adultos, levando-os a desenvolver corpos ativos e mentes passivas? Os seus professores ensinam--lhes alguma coisa além de simples habilidades técnicas ou físicas? Que estão aprendendo, por exemplo, em matéria de honestidade, constância, dignidade competitiva, convívio com pessoas diferentes, reconhecimento pelos esforços alheios e pelas suas boas intenções?

12. Lembro-me de que as crianças (especialmente as mais crescidas) tendem a *comparar* inconscientemente o meu caráter com o de outras pessoas: professores, estrelas do *rock*, perso-

nalidades da televisão? Pareço-lhes indiferente, passivo, vulgar, acomodado nas minhas rotinas e, portanto, *fraco?* Ou será que me veem forte e seguro, sem duplicidades, com princípios, justo, perspicaz, aberto a novos interesses, desejoso de melhorar o meu modo de ser e as qualidades do meu caráter?

13. Sou capaz de «pôr-me ao nível das crianças», para enxergar a vida tal como elas a veem? Mas tenho o cuidado de não *manter-me* nesse nível? *Ergo-as*, por assim dizer, *ao meu nível* – para ajudá-las a enxergar a vida como os adultos a encaram?

14. Os meus filhos percebem que me sinto orgulhoso e feliz com as virtudes que vejo crescer neles?

Direção geral
Renata Ferlin Sugai

Direção editorial
Hugo Langone

Produção editorial
Gabriela Haeitmann
Ronaldo Vasconcelos

Capa
Gabriela Haeitmann

Diagramação
Sérgio Ramalho

ESTE LIVRO ACABOU DE SE IMPRIMIR
A 04 DE ABRIL DE 2022,
EM PAPEL IVORY 75 g/m^2.

IMPRESSÃO:

PALLOTTI
GRÁFICA

Santa Maria - RS | Fone: (55) 3220.4500
www.graficapallotti.com.br